AF578445

Kourage

Denis Adde

Kourage

Nouvelle

ISBN : 979-10-377-4889-8

Je suis né un 25 décembre, année 1954, vers 13 heures, il faisait froid !

Dernier de la famille, donc le p'tit préféré de sa maman « bien sûr » !

Pas de prénom pour lui, le père en est à son septième garçon connu. Pour autant, je ne pense pas qu'ils avaient prévu un nom de fille. La maman en est à son troisième, coup sur coup, et n'a pas eu l'occasion d'y réfléchir. Le temps passe et ils décident avec l'aide de connaissances. Ce sera donc Denis, c'est joli ça. On rajoute les prénoms des tontons à proximité et le tour est joué. (On m'a raconté, je ne me souviens de rien.)

À mes trois ans, les parents s'installent dans une cité d'urgence d'après-guerre. Il y a même une véritable salle de bains !

À six ans, mon premier souvenir, je tousse, j'ai du mal à respirer – j'étouffe. Début de la première crise d'asthme, le médecin constate… en attendant, je vais mal… Traitement : pommade Vicks et suppositoires à la théophylline. La crise passe et on oublie. Je vais à l'école maternelle mais je n'en garde aucun souvenir marquant, même en revoyant une photo.

À chaque porte des immeubles, il y a des troupeaux de gamins, des garçons en grand nombre. Les filles, de toute manière, ne traînent pas dehors ! Dommage. Alors, on joue au ballon, aux gendarmes et aux voleurs et… aux billes, bien sûr.

De 6 ans à 13 ans, je ne garde pas de souvenirs ni précis ni agréables, j'attends que le temps passe…

Les crises d'asthme s'accentuent ainsi que les difficultés respiratoires. Toujours pas de traitement en vue. Entre deux épisodes, je vais bien, je cavale, je cours, pas très vite mais avec de l'endurance.

Évidemment, les cigarettes circulent et, comme les autres, j'en fume. Pas intérêt à se faire prendre ! Mes parents fument et connaissent bien les symptômes, surtout au début, cils roussis, odeur, etc. En 1968, ils gardaient les mégots pour les rouler à nouveau, nous allions dans un fort militaire à proximité acheter des troupes aux soldats qui fumaient ferme.

J'arrive tant que bien que mal à l'âge de 16 ans et je fais la connaissance d'un groupe d'une autre cité. Dans ce groupe, il y a un fumeur, bien sûr, et asthmatique qui compense par un médicament que je vois pour la première fois « la Ventoline », un spray buco dilatateur pour pallier les gênes respiratoires. J'essaie et hop ! l'effet est immédiat, l'air circule à nouveau. Ce n'est pas facile de se la procurer car il faut une ordonnance médicale. Les crises arrivent la nuit, en plus des insuffisances du jour, je fais attention à ne pas réveiller toute la maison. Souvent, j'erre dans l'appartement pour me mettre des gouttes nasales bouchon rouge, PERNAZENE, je crois, pour dégager le nez. Ce qui entraîne un dessèchement de la bouche et oblige à passer un bâton sur les lèvres qui se gercent. Une nuit, j'ai essayé de me mettre du Calvados qui traînait dans la cuisine mais ça ne fait aucun effet en tout cas pour la respiration.

Une fois, on passait la nuit chez des amis de mes parents qui possédaient un chien caniche. Je me suis dandiné sur un siège en osier en essayant de trouver le sommeil sans faire couiner la chaise pour ne pas ennuyer tout le monde. J'appris là que les animaux dans la maison n'étaient pas compatibles avec ma santé. L'apparition de bronchites en début d'hiver fut inévitable.

18-20 ans. Je travaille, souvent en entreprises intérimaires, et je fais toutes sortes de boulots, je dois faire le tri car certains ne sont pas compatibles avec ma santé. 19 ans, c'est l'âge du service militaire, vu mon état de santé, je pense que je serai réformé pour raison médicale, je me trompe complètement, pas de chance, je suis « apte », vraiment pas de chance, je me retrouve incorporé dans l'aviation avec exemption de marche et de sport et je passe beaucoup de temps à l'infirmerie. Je suis même promu gardien du prisonnier déserteur, récidiviste. Ce qui veut dire que je suis assis dans un couloir, un bouquin à la main, j'ouvre la porte de la cellule du garçon pour qu'il vaque à ses corvées punitives et il vient me demander de l'enfermer quand il a terminé. Normalement, je n'ai pas bougé.

Les journées sont longues et je vais devoir user de stratégie pour sortir de là. Après de nombreux rendez-vous médicaux, le commandant demande à ce que je sois définitivement réformé ne sachant où me placer dans son bataillon. Pratiquement trois mois se sont écoulés.

J'ai 20 ans et bien que la majorité soit encore à 21 ans, je me sens libre, je vais enfin pouvoir m'intéresser à ma vie !

Avec en poche un certificat d'études obtenu en 1968 (il n'y avait pas toutes les épreuves) et un CAP de peintre en bâtiment, et ayant, plus jeune, vu un ouvrier peindre des lettres sur la façade d'une boutique, j'vais trouver ma vocation, « Peintre en Lettres Décorateur ». Un peu prétentieux vu la cité où j'habitais. Alors, pour commencer, on m'a placé trois ans dans une école de formation professionnelle afin d'obtenir un CAP et le dégoût de cet enseignement et de mes envies. Les deux premières années, l'école se passait dans d'anciens bâtiments américains au milieu d'une forêt. Ce n'était pas le luxe, l'ambiance limite carcérale, mais on a tout de même passé de bons moments avec quelques garçons aussi motivés que moi (toujours pas de filles, bien sûr).

Après avoir échappé à un accident grave où j'étais le chauffeur, je vais m'orienter vers d'autres chemins. Ce ne sont pas mes parents qui me retiendront et c'est bien ! Entre temps, ils quittent le HLM pour une petite bicoque qu'ils viennent d'acheter. Tout est à refaire, et comme il n'y a pas de fainéant dans la famille, je me retrouve comme aide avec le plombier, le maçon, l'électricien qui acceptent tous très bien ma compagnie et mon aide et qui prennent plaisir à m'informer des rudiments de leur métier. La peinture me revient de droit. Cette expérience me sera précieuse par la suite.

La maison n'est pas grande et nous sommes encore deux à leur charge. Comme on comprend que la situation nouvelle est délicate, mon frère et moi leur proposons d'acheter une caravane pour s'organiser un squat sur un coin du terrain, afin de prendre le temps de décider de notre avenir. Et ainsi vont les choses.

Les difficultés respiratoires sont devenues inévitables et soulagées par la Ventoline quand j'arrive à m'en procurer.

1975. Je pars un mois avec un ami, direction la Grèce, trajet en voiture. À mon retour, mon frère avec qui je cohabite dans la caravane se renseigne sur mes vacances puis, après réflexion, me propose de préparer un voyage pour une longue durée. Bien sûr, cela me convient. L'important c'est de partir.

En quelques mois, nous vendons le peu que nous possédons et, dans la foulée, nous annonçons notre projet qui évidemment ne plaît pas trop à nos parents. C'est surtout le départ de mon frère qui est plus délicat pour eux. En effet, notre père après bien des difficultés a dû s'installer comme travailleur indépendant pour finir sa carrière. Et, comme mon frère travaille avec lui, il avait bien imaginé écrit au-dessus de la porte de l'atelier « Père et Fils ». Mais bon, on ne peut rien contre la fougue de la jeunesse. Nous côtoyons des amis de mon frère qui eux ont pour projet de partir dans la Drôme pour un changement de vie. Ils disposent d'un pécule d'argent que l'un d'entre eux a touché à la suite d'un grave accident de la route. Ils envisagent de partir un mois pour prospecter, à la recherche du lieu idéal. Comme nous ne sommes pas pressés, nous leur proposons de nous joindre à leurs recherches. J'ai acquis des connaissances en matière de travaux, je suis donc nommé spécialiste de rénovation du bâtiment. Cependant, à la suite des différends entre les auteurs de l'association, nous ne donnons pas suite. Nous revenons à notre point de départ, sauf que nous n'avons plus rien en affaires personnelles et c'est donc légers que nous nous rendons à Paris pour obtenir un visa pour les États-Unis. Vu l'ambiance à l'ambassade, on le sent moins. Sur le retour, nous décidons de changer de direction. Ce sera le Cap

Nord, à vélo, pour éviter les problèmes mécaniques et avoir de l'autonomie. Nous investissons dans deux magnifiques vélos dits « routiers », on achète le nécessaire pour mener à bien le voyage, matériel de camping… et ainsi équipés, nous prenons le départ. Comme nous n'avons pas de talent pour le vélo, nous abordons, d'un commun accord, les premières côtes, pieds à terre. Nous sommes au mois d'avril et, jusqu'à la frontière belge, la pluie ne nous quittera pas. En une semaine, nous sommes à Amsterdam, en pleine ville, pris dans une manif encadrée par des policiers à cheval. Alors, on manifeste.

La question se pose, que fait-on ?

Apparemment, le Cap Nord, c'est loin… Mon frère a un genou enflé, très gênant pour pédaler, et puis le vélo, c'est long, les routes difficiles, surtout les axes déjà sillonnés par les poids lourds… Cela mérite réflexion. Nous cherchons une destination adéquate et si possible ensoleillée. J'évoque mes vacances en Grèce. Mon frère, qui y est allé avant moi, n'est pas convaincu mais mes souvenirs plutôt agréables nous décident pour cette destination. Nous renvoyons nos vélos en France avec l'excédent de nos bagages. On resserre bien le reste dans deux sacs à dos. À la gare, nous faisons l'acquisition de deux billets Amsterdam – Athènes, soit deux jours et demi de train sans interruption et nous voilà arrivés en Grèce après un voyage périlleux. Visite de la ville de-ci de-là, début mai, c'est bien. On envisage la visite du pays et pour cela, il faut pouvoir se déplacer. Le vélo, non merci ! On va chez un loueur de voitures et pour un prix assez modeste, dû à une erreur de change de Traveller's chèques, nous voilà équipés d'une voiture pour trente jours. Après avoir pris les chemins, les sentiers, les routes dans toutes les directions possibles, bivouacs dans les criques, baignades, visites de tous les sites possibles et un tour assez complet du pays, ravis, contents et heureux, en pleine liberté, nous amorçons notre retour à Athènes pour rendre la voiture. La fibre du voyage est entrée en nous !

La nouveauté, la rencontre des gens pendant tous ces jours nous donnent envie de poursuivre et de visiter l'Égypte. Notre retour à Athènes est bousculé par de grandes manifestations. Nous stationnons la voiture dans le centre-ville, près de l'agence du loueur et nous nous approchons des manifestants pour comprendre la situation. C'est chaud ! De la fumée, des tirs, des bus retournés et incendiés dans les rues, des slogans contre les militaires au pouvoir, des chars antiémeute. L'après- midi se passe à courir, les yeux en pleurs irrités par les lacrymos. C'est très dur de reprendre sa respiration. En essayant d'échapper à une horde de CRS qui chargent une place où sont cantonnés des journalistes grecs et étrangers, des touristes et des gens perdus devant une telle violence, je me fais savater à la volée par un CRS qui saute d'un car en stationnement. Je me vautre lamentablement au sol avec une grosse douleur à la cuisse due à la ranger qui avait visé une partie plus sensible. Je me roule au sol, juste le temps de dire que je suis touriste, il était prêt à finir son travail. Contrarié, il me fait signe d'évacuer et je ne demande pas mieux. Mon frère est là, on humecte les yeux avec du citron qui circule et vient d'on ne sait où, les tirs continuent, on évacue les blessés. En essayant de nous éloigner un peu des échauffourées, pour reprendre du souffle et aviser, nous sommes pris en chasse par une poignée de CRS haineux. Les gens autour de nous partent dans tous les sens, essayant de s'abriter dans les immeubles encore ouverts. Nous suivons le mouvement, mais, arrivés au demi-étage, nous voyons les CRS en charge s'engouffrer, casques, boucliers et matraques en action, contents de leurs prises. Le groupe qui se trouve au-dessus de nous cavale dans les étages, essayant au passage d'ouvrir une porte restée ouverte, mais aucune ne cède. Comprenant que l'on va être coincé à un moment ou à un autre, nous décidons tous les deux de stopper là. Nous nous retournons vers les assaillants qui bavent de bonheur et bafouillons des mots en français tout en agitant les bras pour expliquer notre situation. Celui qui est en avant qui doit avoir un QI légèrement supérieur à celui de ses collègues, puisqu'il est devant… s'immobilise, jaugeant la situation, lance un regard plein d'assurance vers le haut de l'escalier, grogne à ses collègues de faire demi-tour, dans l'espoir de renouveler leurs assauts sur un autre groupe plus fiable. Vibrant de tout le corps et sans demander notre reste, nous rejoignons les manifestants acculés en haut des marches. Ils sont sidérés par ce qu'ils viennent de vivre. Avec des hourras, ils nous acclament et sont persuadés, en apprenant que nous sommes français, que nous sommes venus faire la Révolution en connaisseurs ! Vive la France. Chaque français est un révolutionnaire…

Il est une heure du matin quand notre journée s'arrête pour un repos bien mérité. Nous entendons encore des tirs dans le lointain, dispersion des derniers manifestants. Nous retrouvons la voiture qui par chance, bien qu'entourée de détritus et de fumée, n'a subi aucun dégât. Les yeux encore bien rougis et piquants, nous allons boire un café et faire le bilan et… les comptes. La Grèce, oui, c'est bien. Et, maintenant, on va se diriger vers l'Égypte, terre inconnue pour nous.

On rend la voiture dans les meilleures conditions, on achète deux billets pour Le Caire, départ dans 48 heures. Pour patienter, nous nous rendons sur le port du Pirée afin de trouver un bateau en direction de la première île venue. Repos, détente, respiration après toute cette agitation.

Le jour J, nous sommes à l'aéroport pour attraper notre vol. Nous arrivons dans la soirée dans cette immense ville. (Toujours veiller à arriver tôt afin de pouvoir s'organiser pour la première nuit.) Nous vivons un grand changement. C'est l'Afrique. On se fait conduire dans un hôtel du centre par un taxi. Il est 1 heure du matin quand nous nous allongeons, épuisés. Au réveil, on prend connaissance des lieux. Bon, ce n'est pas le Hilton, mais la nuit fut bonne et on a pas envisagé de passer un séjour prolongé dans cet endroit. Le mieux est de s'équiper pour voir l'extérieur. Après un grand escalier sombre et un long couloir, nous poussons une grande porte en bois et sommes immédiatement envahis d'un soleil brûlant. La chaleur intense nous entoure, l'impression d'avoir un énorme ventilateur qui nous enveloppe d'un vent chaud. Très chaud… On voulait du soleil, c'est fait ! Et on part au hasard visiter ce quartier où l'on a échoué. Nous sommes surpris et attirés par ce nouveau style de vie que nous avons sous les yeux. Alors, on se régale, on grignote de-ci de-là, on boit du thé, cela nous change des vins grecs, mais, à nous la nouvelle vie ? On reste plusieurs jours découvrant différents endroits et revenant à notre hôtel où on se trouve plutôt bien, très populaire et chaud l'ambiance la nuit. Le soir, on observe les attroupements devant les magasins fermés mais éclairés la nuit où chacun rêve de ce qu'il pourra se payer quand les temps seront meilleurs. Il nous vient alors l'idée de se payer des sandalettes locales et de déposer deux paires de baskets investies pour le vélo mais pas vraiment idéales ici. On les laisse sur une poubelle, au coin de la rue souriant à l'idée de la joie de celui qui va les découvrir (comme neuves !). Nous nous réservons une journée pour la visite des pyramides de Gized. C'est beau, c'est surprenant, c'est magnifique. On est sous le charme. C'est géant. Alors, on s'accorde pour descendre le long du Nil pour la grande visite du pays, jusqu'à Assouan, et, pour ce faire, nous choisissons le train… petite constatation, je respire de mieux en mieux. Et, c'est parti pour des heures de wagon, entourés de gens qui nous regardent en souriant, étonnés. Nous sommes au mois de juin et le tourisme ne bat pas son plein, surtout dans ce système de transport. Comme nous n'avons pas prévu de nous déplacer lentement et sans étape arrêt, nous ne sommes pas équipés en eau et nourriture. Alors, gentiment, nos voisins de compartiment nous tendent la cruche pour s'abreuver et un petit truc pour grignoter. Merci beaucoup… et c'est ainsi que nous descendons ou plutôt que nous remontons le Nil, tranquille cool ! Louxor, Thèbes, la vallée des rois et des reines. Bon, là, forts d'une précédente expérience, on a opté pour louer deux vélos pour faire la visite. Malgré notre excellent niveau, sous le soleil, c'est chaud. Quand on arrive sur un site, vidé, desséché, il y a toujours un gamin, le sourire jusque-là, pour nous vendre un soda glacé que nous consommons en trois goulées avant de pouvoir prononcer : un soda STP ! Les visites sont bon enfant. En général, un gardien somnole à l'entrée. Une guirlande de néons éclaire les couloirs et les chambres funéraires ou ce qu'il en reste, et on se balade à notre guise en temps libre, se régalant la tête et les yeux. Bien sûr, nous visiterons le tombeau de Toutankhamon ouvert à tous vents (chauds) en toute liberté. C'est nous qui décidons du timing. Les colosses, les temples, bref, une visite complète. On trouve des hôtels pas vraiment bon marché ainsi que des petits restos locaux. Tout se passe pour le mieux et nous reprenons le train pour d'autres étapes d'autres lieux en observant et partageant la vie locale. Bien sûr, nous finissons par arriver à Assouan, mais notre budget qui s'est bien réduit ne nous permet pas de prolonger le séjour. En fin de soirée, nous nous retrouvons dans un wagon pour voyager de nuit. Les gens s'installent parés pour la nuit, des plats pour se restaurer, des jarres d'eau, des poules dans les cages et hop ! c'est parti. Tout le monde se déplace pour manger ou pour trouver un coin idéal pour un trajet dans de bonnes conditions, sur les banquettes, couché par terre, tout est bon. Les portes et les fenêtres sont ouvertes, il y a de l'air et c'est bien. On se croirait dans l'histoire du petit train qui passait à la télé dans les années 60. En tout cas, le voyage est long, 17 heures pour environ 900 kilomètres. Mais agréable tout de même. Et nous revoilà au Caire.

Au cours de nos rencontres, on a appris qu'il est possible d'aller travailler en Israël. Alors, on se dit que ce serait bien pour remonter nos finances afin de prolonger notre voyage. Nous échangeons nos derniers traveller's chèques et par sécurité, nous achetons deux billets de bus Athènes Paris, à un prix très correct et sans préciser les dates, on ne sait jamais. Et nous voilà partis pour Tel-Aviv. Bon, l'accueil n'est vraiment pas très chaleureux... Un grave attentat a eu lieu la semaine passée et donc, le climat est à la suspicion. Nous sommes interrogés, chacun dans un bureau avec beaucoup d'insistance pendant deux bonnes heures : et d'où on vient, et pourquoi ce parcours, et pour quelles raisons on a choisi de venir ici... Ils vont trouver sur mon passeport que l'adresse a été gratouillée, jusque-là personne n'avait remarqué. L'agent me montre le mot écrit et c'est vrai, mais il faut vraiment le fixer pour s'en rendre compte. Nous voilà bien. Que décider ?

On pense rester travailler et visiter le pays pour ensuite reprendre notre voyage. Oui, mais non. Pour travailler, il faut rester trois semaines à un mois. Bon, on a juste envie de faire demi-tour pour revisiter la Grèce. Mais cela paraîtrait sûrement suspect ! Après une longue attente, on nous remet nos passeports sans autre forme d'explication. On a chacun un visa de 14 jours, quand même. Bon, et bien, on va faire du tourisme et repartir à Athènes. On est moins enthousiaste. En possession de billets de bus, nous entamons notre périple. On monte et on descend du bus à notre gré sur toute la durée du visa. On a quand même l'impression d'avoir quelqu'un collé à nos sandalettes. Nos réserves pécuniaires s'amenuisent sérieux, et comme il n'est plus question de travailler, pour une fois que l'on était content, nous jouons serré. On va jusqu'à la mer morte, bains de boue obligatoires, visite d'une grande réserve naturelle avec cascades et bassins, c'est agréable. Nous rejoignons Jérusalem, toujours à la recherche d'endroits pas chers pour dormir et toujours cette impression d'une présence dans l'ombre. Sur le parcours que nous avons réalisé, les contrôles de police et militaires sont assez nombreux, aussi, on ne range même plus nos papiers. On visite la ville, le souk, les mosquées très étonnantes par leur architecture, le mur des Lamentations qui porte bien son nom. Mais, le cœur n'y est pas trop. Et ainsi, se passera notre séjour… en attendant le jour de notre départ.

C'est donc plutôt contents que nous rentrons à Athènes, c'est devenu comme chez nous. À l'évidence, financièrement, on est raide, et se faire envoyer un mandat risque de prendre beaucoup de temps et finalement on a peut-être pas trop envie, cette dernière destination nous a un peu sapé le moral. Un avantage, on a les sandalettes libres, et on jette la feuille volante incluse dans notre passeport qui justifie le visa nécessaire à notre périple. Voilà une bonne chose de faite.

Une grosse fatigue nous menace, alors dans un sursaut, nous allons fixer le jour du retour en bus et en attendant le jour fatidique, nous errons une dernière fois dans Athènes.

Nous voici donc dans le bus, c'est parti pour environ trois jours de voyage avec très peu d'arrêts. On aurait dû noter le nombre d'heures passées dans les transports et aussi à les attendre. Le bus passera par l'Allemagne et aussi par la Belgique pour déposer des voyageurs. Nous ne sommes que deux Français à bord. Le bus passe à Calais, direction l'Angleterre. Depuis le début, nous n'avons qu'une miche de pain et un pot de confiture pour nous sustenter. Et comme on est pas en Égypte, on fera avec. Le problème est que pour nous, Calais ça le fait pas, d'autant plus que l'on avait payé pour Paris. Après des palabres et des négociations, le responsable du voyage concède de payer le train pour Paris. Il est attendu sur le bateau qui est prêt à partir, vite il doit embarquer. Dans la précipitation, il nous remet avec colère une somme en espèces et tchao ! La passerelle se referme derrière le bus et nous nous retrouvons sur le quai. Une petite pluie vient nous brumiser, c'est bon ! Cela faisait longtemps, l'été 1976, été de canicule. On va aux renseignements pour le train, on a bien essayé le stop, mais ce n'était pas notre jour. On achète nos billets. Il nous reste de la monnaie, on se paye deux sandwiches au jambon, un pastis et deux bières. Que c'est bon ! On téléphone en PCV à nos parents pour leur annoncer notre arrivée à la gare du Nord et que ce serait bien gentil de venir nous récupérer. À l'heure prévue, nous nous installons dans un compartiment et il ne faudra pas longtemps pour que le sommeil nous cueille. Nous voilà à destination vers 10 heures du soir. Nous passons devant nos parents qui ne nous voient pas ! Bon évidemment, sandalettes et chapeau de paille sous la pluie sur un quai de gare, c'est rare. En tout cas, on a faim donc direction resto, vu l'heure, ce sera pizza. Ensuite, on prend la route et on arrive chez eux. On s'installe bien tranquille, on est pas là de nous revoir…

De tous les gens que l'on connaît nous sommes les premiers à avoir voyagé loin et autant de temps. C'est le mois de juillet, nos parents partent en vacances, très bien, donc nous logeons chez eux pour un mois. On organise des soirées où l'on raconte ce que l'on a fait et ce que l'on a vu, la classe… Heureusement, avant le départ, nous avions gardé une réserve d'argent, cela nous permet de prendre le temps, l'idée étant de se requinquer et de repartir, sûrement en Amérique du Sud. Il n'en sera rien.

Au bout d'un mois, nous nous installons chez notre frère qui lui s'est marié et qui mène une vie plus sédentaire. Notre belle-sœur est patiente… TRÈS. Heureusement, leur appartement dispose de deux entrées et nous occupons une chambre située derrière l'une d'elles. Faudra que l'on bouge. Nous discutons souvent de la suite et tombons d'accord pour dire que le changement de vie dans la Drôme nous convient. Toujours en contact avec une partie du groupe initial, nous réenvisageons notre départ. Mon frère retrouve une fiancée d'avant notre voyage, évidemment, cela bouleversera les projets.

Et nous voilà repartis en éclaireurs pour trouver un endroit, même provisoire, pour nous transporter dans ce nouvel environnement. Après quelques recherches, notre choix s'arrête sur une maison, toute à rénover, dans une petite ville. Elle est en vente pour un prix pas très élevé et nous nous débrouillons pour trouver un financement, pour les travaux, on verra bien. Il est possible de l'habiter rapidement et de rénover une fois sur place, à notre guise. Et c'est ainsi que quelque temps plus tard, nous emménageons, mon frère, un copain qui a deux enfants et moi. La future belle-sœur et la femme du copain nous rejoindront dans un autre temps. Pour moi, c'est nouveau et, comme dit ma mère, « t'es fait pour vivre tout seul »… ça promet.

Les jours passent, tout va bien, c'est vraiment la nouvelle vie ! Mon frère va être papa. On rénove avant l'arrivée du deuxième groupe. Et ça arrive ! La belle-sœur avec chien, chat, oiseaux perroquets… une vraie ménagerie. On a l'impression d'héberger un cirque. Je retiens mon souffle. Je ne me souviens plus pourquoi ou bien j'ai préféré oublier, mais le copain et ses deux enfants partent s'installer ailleurs. Pour ma part, je resterai en contact avec eux. J'ai fait la connaissance d'une voisine et cela me permet de sortir, de prendre l'air. Au bout de quelques mois, les caisses sont vides. Il va falloir trouver des finances. Dans la région, le travail ne bat pas son plein. Je reprends contact avec des entreprises intérimaires de ma connaissance. L'une d'entre elles peut nous employer, à deux, sur la zone industrielle du Havre. Cela tombe bien, j'ai un ami d'enfance qui y a un appartement vacant. Pendant ce temps, la petite fille est née. Nous voilà donc tous en route pour un exil de quelques mois afin de récupérer des fonds. Les raisins de la misère.

Nous nous retrouvons, mon frère et moi, en hauteur, à démonter des tuyaux et des rails électriques sous plafond à six mètres de haut. Embauche à 7 heures du matin. Au bout d'un bon mois à cette cadence, nous arrivons au travail, le chef de chantier nous envoie tous les deux sur un échafaudage monté au maximum qui avait été interdit au travail, la veille pour défaut de sécurité. Mais, nous ne l'apprendrons que plus tard. Nous sommes donc face à face à démonter des colliers, c'est alors que le problème survient. Les tuyaux ont été libérés à l'autre bout, je parle de tuyaux très lourds et très longs, et les voilà, puisqu'ils sont groupés par deux, qui commencent à osciller. Nous tentons de rétablir l'équilibre en les repoussant l'un de l'autre, avec le ballant, ils finissent par se décrocher et je me retrouve éjecté du plateau et parti pour un plongeon, avec pour me recevoir une dalle de béton et des tuyaux posés au sol, à la verticale, leur extrémité remontant en l'air, je suis en baskets, nous n'avons pas de ceinture de sécurité et l'échafaudage est monté au maximum, sans barrière de protection. Tout cela va très vite, je fais une pirouette avant et je me reçois sur les pieds dans une clairière au milieu des tuyaux. Mon frère, là-haut me dit de me pousser vite – très drôle – car les tuyaux continuent leur descente lentement se heurtant à divers objets. Dans les heures qui suivront, l'échafaudage est démonté et remisé, et des ceintures de sécurité arrivent sur le chantier. Heureusement, le contrôle effectué la veille permettra bien plus tard de reconnaître la responsabilité de l'entreprise. Bilan de ma chute… une cheville cassée… oui, oui, c'est tout. Me voilà avec une jambe à demi plâtrée et une paire de béquilles. Ce travail, c'était valable à deux, en groupant les frais et pour de ne pas partir de notre nouveau chez nous trop longtemps. Bien sûr, l'accident remet la situation en question et nous prenons la décision de retourner dans la Drôme.

Et, une fois revenu dans la maison, toutes ces plumes et tous ces poils n'arrangent évidemment pas mon état respiratoire. Les bronchites s'enchaînent. Comme je vois un médecin suite à mon accident, j'obtiens une ordonnance renouvelable pour de la Ventoline afin de prévenir la crise. À cette époque, j'en arrive à chauffer la cartouche avec un briquet pour en inhaler une dernière bouffée. La situation s'aggrave. Avec le médecin, nous faisons une demande de cure dans le Massif central qui me sera accordée et où je me rendrai pendant trois ans. Le changement d'air, de vie et de milieu me fera du bien. Mais l'asthme sera toujours présent et la Ventoline toujours à proximité avec un briquet, on sait jamais. Côté jambe, on m'a retiré le plâtre, enfin, nous nous y sommes mis à deux car la jeune fille qui était chargée de la tâche ne l'avait encore jamais effectuée sur une personne. Je fais de la rééducation et très vite, je retrouve mon autonomie.

Un couple de copains nous a rejoints, je prends de la distance. Par relation, je parviens à faire l'acquisition d'une maison en ruine, à flanc de colline. Pas de chemin, pas d'eau, pas d'électricité et évidemment pas de toiture. J'emprunte pour acheter cette merveille. Comme avec la voisine, on est devenus intimes, on décide de louer une école désaffectée dans un hameau retiré. Le reste du groupe a tourné ses projets pour une autre région, n'ayant pas trouvé leur place ici, direction La Creuse. Je m'installe dans ma nouvelle vie, mais je crois que je ne suis pas prêt. Un autre de mes frères que l'on ne voyait pas souvent avec qui j'avais gardé de bons contacts vient s'installer par très loin, avec sa femme et leur fille qui vient de naître. Je reprends ma vie en solo, j'adopte un chien qui partagera ma vie à venir pendant 14 ans. Pour me réinsérer, je réussis à vendre la ruine que j'ai améliorée mais que je n'aurai pas les moyens de terminer, je quitte l'école et je redescends dans la ville où nous nous étions installés en arrivant dans la Drôme. J'achète une grande et vieille maison très encombrée de choses inutiles et vu son état général de dégradation, je réussis, en la prenant dans l'état, ce qui arrange bien les propriétaires à négocier un bon prix. Je brasse la poussière et les vieilleries, je travaille à coup de Ventoline. Je charge tout cela dans des cartons puis dans ma camionnette à longueur de journée, direction la déchetterie, je m'aménage un étage pour habitation, le reste, on verra plus tard.

J'ai une pêche d'enfer ! Je réalise des travaux chez diverses personnes afin de me créer des revenus. On essaie de renouer, avec mon amie, mais cela ne prend toujours pas. Alors, restons amis. Une bonne année se passe sans trop de remous. Puis, un jour, je décide de quitter la Drôme et d'y revenir plus tard avec des moyens plus élevés. En un rien de temps, je trouve des acquéreurs pour ma maison, je règle les affaires en cours et je pars pour le centre de la France où je fais l'acquisition d'un bâtiment de ferme, le moins cher que j'ai pu trouver, ma limite vers le nord étant la Loire. Trous béants dans la toiture, pas d'eau, pas d'électricité, un mètre de fumier à l'intérieur, les voisins proches y mettent leurs chèvres pour la nuit. La seule pièce où je peux m'installer est en terre battue au sol et ne possède plus qu'une moitié de toiture. J'installe le lieu qui sera désormais mon refuge en attendant l'avancée des travaux que je vais immédiatement commencer. Au bout de quelques jours de rénovation, je décide de me raser le crâne pour faciliter l'entretien. Je ne parle plus qu'avec mon chien qui a l'air heureux mais fatigué. Il gardera toujours cette attitude, prudence ? Il ne s'attendait sûrement pas à cette vie d'ermite nomade. Pendant qu'il me reste de l'argent, je ne travaille que pour rénover le bien. Après six mois de travaux, toiture, maçonnerie, électricité, plomberie, menuiserie… bref tous les corps de métier nécessaires, me voilà dans une habitation digne de ce nom. Les voisins, qui au début m'observaient étrangement, me félicitent pour tout ce travail que j'ai réalisé tout ce temps. J'aime rénover une maison et je ne l'oublierai pas. De toute manière, je ne sais rien faire d'autre. Je repense à l'ami de mes parents chez qui, enfant, j'avais dormi sur une chaise en osier. Lui, un bonhomme extraordinaire avec qui, à une époque, j'ai appris à faire du cannage de chaise. Lui, donc, tout petit, il a fait une chute dans un escalier vers l'âge de trois ans, il était paralysé à vie, ses jambes ne se mouvaient plus. Pour aller travailler, il avait une voiture à pédales qu'il faisait avancer avec ses bras, en moulinant. Comme pour partir de chez lui, il devait gravir une bonne côte, il attachait son caniche à l'avant, et Hop ! Le chien tire, l'homme mouline et ainsi, il se rendait à son bureau chaque jour et par tous les temps ! Respect… Cet homme, c'était Hulk, avec un torse et des bras comme ça. Chez lui, il se déplaçait sur une simple chaise en paille, mais renforcée, qu'il basculait d'un pied sur l'autre. Sa femme était comme on dit maintenant de petite taille, 1m30, tout juste. Chez eux, tout était à leur hauteur, on aurait dit une maison de grande poupée. Ils avaient également un pied à terre, à la campagne. Pour la distance de 30 kms, ils avaient une voiture à leur mesure, un siège à l'avant pour le chauffeur, un siège juste derrière pour madame avec un peu de place pour le chien et les provisions. La conduite ou peut-être, doit-on dire le pilotage s'effectuait avec un guidon genre scooter, on referme un cockpit en forme de bulle et, allez, roule, dans un boucan d'enfer. Il s'agissait en fait d'un avion, un Meschersmith datant de la guerre 40 et transformé en Tuktuk. Je suis monté à bord pour rejoindre sa maison, quelle aventure ! D'autant plus que je ne pense pas qu'un permis eut été nécessaire et qu'il avait une petite tendance à monter dans les tours. Sans doute une petite vengeance sur la vie. Et donc, chez eux, à la campagne, il avait étalé lui-même du gravier à la pelle, assis par terre, toute une journée. Autre singularité, il tirait les cartes et était très réputé dans ce domaine, beaucoup de gens venaient le trouver pour en savoir davantage. Un jour, il dit à mes parents qu'il n'y avait pas de souci, que j'avais des doigts en or, j'arriverai toujours à me débrouiller. Message reçu. Il voulait me transmettre ses connaissances. Il savait également relier les livres, mais, tu penses, j'avais mieux à faire ! Un jour, alors qu'il m'enseignait le cannage, je lui ai demandé ce qu'il aurait aimé faire s'il avait eu ses jambes (oui bon, j'étais jeune). Il a fermé les yeux, je n'étais pas très à l'aise pensant l'avoir touché par maladresse. Il a ouvert les yeux et avec un grand sourire m'a annoncé « MARIN »… son rêve inavoué ?

Je crois qu'il m'aimait bien et je l'en remercie. Il m'a sûrement, par la suite, réconforté et rassuré par ses paroles. Sans y avoir prêté attention, je réalise en écrivant ces mots que j'ai possédé une pénichette hollandaise pendant quinze ans avec laquelle j'ai parcouru un certain nombre de canaux… fin de l'aparté.

Évidemment, les finances sont encore au plus bas. Je me mets en quête d'un travail en attendant un contact pour vendre ma maison et, après quelques essais je me retrouve à travailler dans un petit domaine avec des dépendances, tout cela dans une forêt. Parfait ! Ce lieu est utilisé comme centre de vacances pour les enfants (une colo) et également pour des week-ends au vert pour les gens de la ville. Mon travail consiste à installer une douche collective dans les sous-sols du château, j'ai quasiment carte blanche pour le réaliser, donc, je me lance. À la suite, je réaliserai une salle de plonge près du réfectoire et divers travaux de maintenance. L'ambiance est sympathique, je fais partie des plus âgés et me retrouve avec une bande d'animateurs agréables. Pour être dans les temps, avant l'arrivée des enfants, je travaille tard le soir. Je fais une chute, je me casse le poignet gauche. Je reste sur les lieux en tant qu'accompagnateur des groupes : cheval, piscine, vélo, rando, une main dans le plâtre que je dois renforcer régulièrement pour éviter qu'il ne s'effrite. Et, ainsi vont les choses…

Toujours pas d'acquéreur pour la maison ! Mon frère, ma belle-sœur et les copains ont quitté la Creuse pour s'installer dans l'ouest où ils ont fait l'acquisition d'un moulin, au fond d'une vallée, à rénover bien sûr. Je leur rends visite et renoue des liens plus proches. De retour au château, je me lie avec une jeune femme qui vit une période difficile et bien que nous n'ayons pas les mêmes objectifs, nous partageons le quotidien… et bien davantage.

Suite à une visite chez mon frère installé dans sa nouvelle région, nous nous intéressons à un ancien relais avec quatre maisons, des dépendances et du terrain, mais alors, que de la rénovation en vue. En attendant, nous déménageons à proximité où nous louons une maison. Je m'installe comme artisan en isolation par injection, et tant bien que mal, nous vivotons quelques mois. Nous sommes en 1983. Avec les produits que j'utilise, résines, formol, etc. j'éprouve de grandes difficultés, beaucoup de Ventoline. Je vois différents médecins pour trouver des solutions.

Noël 83. Nous avons rendez-vous chez mon frère pour passer les fêtes. Ajoutées à ma gêne respiratoire, la présence de poils, celle des plumes, l'humidité du lieu aussi, peut-être, n'améliorent pas ma respiration. Le 27 décembre, j'ai rendez-vous chez un médecin homéopathe que connaît ma belle-sœur, afin d'envisager une nouvelle forme de soins. Comme je ne suis pas très en forme, elle m'accompagne en voiture, sur le parcours, j'ai l'impression d'étouffer, nous circulons les fenêtres ouvertes. Arrivés chez le médecin, nous nous installons dans la salle d'attente, pas de patient avant nous. Peut-être la chaleur dans la pièce, je n'arrive pas à réguler mon souffle, je me dirige vers la fenêtre, l'ouvre, expulse mes vêtements et inhale de la Ventoline coup sur coup, sans aucun effet. Ma belle-sœur appelle, le médecin arrive et me découvre. Très agité, dans la salle d'attente. Mes mains commencent à bleuir, je suis courbé pour attraper un filet d'air qui n'arrive pas… Le médecin m'injecte une dose de cortisone dans le bras. Au bout de quelques instants, n'ayant pas de résultat satisfaisant, il réinjecte une dose dans l'autre bras, mais ce n'est toujours pas efficace. Ma belle-sœur suggère d'appeler les pompiers, ce qui fut fait n'ayant plus d'autre solution face à cette urgence. Nous sommes en pleine campagne, il leur faudra un peu de temps pour arriver. Mes doigts deviennent gris. Le cœur tient bon. Les pompiers font pour le mieux et me conduisent aux urgences dans la ville la plus proche. Dernières images, je suis transporté sur un lit roulant, je vois l'entrée puis plus rien. Je suis dans un flou.

Réveil… J'ai 29 ans, je n'ai pas vendu ma maison et je suis connecté de partout avec des sondes et des écrans qui enregistrent mon état. Bien sûr, il faut un certain temps pour remonter le fil des heures passées. J'ai deux mains blanches devant moi, les doigts bougent alors je fais des marionnettes. Une infirmière me confirme que je vais mieux mais que je ne pourrai pas sortir sans procéder à des examens. Quand mon état se stabilise, on m'installe dans une chambre et je suis censé attendre les examens qui ne viendront que plus tard, parce que là, en période de fêtes de fin d'année le personnel est réduit. Houlà, ça va être compliqué. Je suis tout seul, pas de contact avec l'extérieur, le grand vide ! La grosse crise est passée, j'ai l'impression que je pourrais faire un marathon… Patience.

Ma compagne vient me voir, sidérée par les évènements. Elle me tient compagnie comme elle le peut, je ne dois pas être des plus drôles. Me revoilà seul dans cette chambre. À part l'infirmière qui vient m'injecter une dose de « ? » le matin de bonne heure, je ne vois pas grand monde et je dois patienter, je commence à me trouver bien, je respire, je vais trouver le temps long. On est le 2 janvier 1984, j'attends. Je demande à ma compagne de m'apporter des vêtements car je désire sortir. Je le dis au médecin. Devant mon air décidé, un compromis est passé avec l'hôpital, je signe une décharge, il me donne un traitement à suivre : Ventoline, Théophylline, traitement pour lequel je suis arrivé ici. Je sors seul, j'ai l'impression de sortir d'un séjour en prison. Ma compagne m'attend sur le parking, nous rentrons chez nous. Ma convalescence va durer plusieurs jours, je suis passé à deux doigts de la fin.

Du coup, les choses s'accélèrent, j'arrête mon activité d'isolation, on achète le hameau en bataillant pour le financement. Le projet devient :

transformation d'une grange et d'une écurie en un restaurant et création des accès. Budget serré, ouverture en juin. Heureusement, la vente de ma maison qui jusque-là restait au point mort vient d'aboutir. L'acquéreur propose un prix moins élevé, mais on accepte, on avance.

Côté santé, j'ai pris rendez-vous avec des médecins qui sont devenus des amis et on cherche des solutions à mes problèmes respiratoires. Le sérum de Friedman, médicament que l'on trouve en Suisse et qui n'est pas pris en charge par la Sécurité Sociale mais, qu'importe, j'adresse une ordonnance faite par une amie médecin à une pharmacie de Genève et je reçois le colis à la maison. Trois injections à un mois d'écart me donnent le réconfort rapidement de n'avoir plus jamais fait de bronchite. Un nouveau vaccin dont je ne me souviens pas le nom vient d'être mis sur le marché, mon médecin me le propose et j'accepte d'être cobaye. Suite à ce traitement, je n'ai plus le nez encombré que je dégage avec du Pernazène, ce qui arrête également le dessèchement de la bouche et nécessite de badigeonner régulièrement les lèvres avec un stick. Un vrai grand bond dans le bien être. Bien sûr l'accoutumance à la Ventoline, elle, elle ne s'arrête pas et les gênes respiratoires sont encore présentes mais ne sont plus permanentes.

Toujours est-il que nous ouvrons le restaurant mi-juillet, donc un peu en retard, mais voilà, nous trouvons un autre rythme. Sur mon temps libre, je peux réaliser des travaux de rénovation, il y a de quoi faire. Le restaurant démarre assez bien. Nous fermons le lundi, et c'est donc un lundi que nous nous rendons à la mairie pour nous marier. Nous sommes quatre, nous deux, mon frère et ma belle-sœur qui sont nos témoins. Des amis passent par là et restent à la maison pour fêter l'évènement. Mes parents ne sont pas présents, mon père qui veut apporter sa quote-part nous offre royalement une caisse de câbles électriques qu'il m'avait fournie au début du chantier et que je n'avais pas pu lui rembourser. Donc, ma femme est très contente. (C'est très rare comme cadeau de mariage !) enfin, on rigole !

Ce qui nous arrive début 1986, environ deux ans après le mariage, me plonge dans le bonheur. Nous allons être parents !

Le restaurant à deux, ce n'est pas facile, surtout les week-ends, et puis la cuisine, c'est un dur métier. Une opportunité se présente, mon ami médecin fait l'acquisition d'une ancienne ferme et cherche quelqu'un pour réaliser les travaux. Alors, je me décide, je ne restaure plus les gens et je me relance dans le bâtiment et comme salarié cette fois-ci. Et comme parfois, les choses vont mieux, j'apprends que je vais percevoir une indemnité de dédommagement confortable versée suite à mon accident de travail de 1977. Un jugement rendu, reconnaissant la responsabilité de l'entreprise dans la mise en sécurité du matériel de chantier. Cela va permettre le remboursement de quelques arriérés. La situation s'harmonise surtout pécuniairement, je garde du temps pour rénover le hameau. Un soir, avec des amis, nous prenons la décision de faire un voyage en Afrique, départ de France avec trois voitures, top là ! On s'organise en prévision du grand jour, mais un mois avant de partir, il y a déjà moins de candidats. On décide, mon copain avec qui je travaille et moi, de maintenir le projet pour janvier 1988. Projet tenu, nous laissons notre fille chez mes beaux-parents et mon chien chez mes parents et nous voici prêts pour l'aventure. Un soir avant le départ, nous dînons chez des amis qui travaillent au Cameroun. On s'engage, on promet, pas de problème, on va venir les voir. On a juste oublié de regarder où était le Cameroun !

Le voyage se fait à deux voitures. Nous passons par l'Italie, la Sicile, la Tunisie, l'Algérie, d'est en ouest sur la piste Reggane – Gao jusqu'au Mali. Nous cassons un peu de matériel puis, après des réparations de fortune, reprenons la route pour Bamako. Nous faisons une halte pour nous ressourcer et nous vendons une voiture pour nous refaire financièrement. Départ pour le Burkina Faso, halte à Ouagadougou. On se sent bien, on y restera quelques jours. On profite de la pause pour vendre la deuxième voiture qui commence à montrer des faiblesses. On regarde la carte pour comparer le chemin parcouru et le chemin restant pour arriver à Yaoundé – Waouh ! Au hasard des balades et des rencontres, un temps pour la réflexion et on décide qu'avec deux mobylettes, on pourrait faire de la route, nous faisons l'achat sur le marché spécialisé de deux machines adaptées à nos besoins et c'est reparti ! Togo, Bénin, Nigéria à la recherche d'un visa pour le Cameroun. Notre moyenne est de 200 kms par jour. Après différentes démarches et des dépenses qui n'étaient pas à l'ordre du jour, nous reprenons avec bien des difficultés la route, mais cette fois-ci en bus, les mobylettes sont en pièces détachées dans la soute pour des questions de sécurité et sur les conseils de nombreuses personnes. Étape et séjour dans un hôtel, on nous a recommandé de cadenasser les mobylettes à la rampe de l'escalier, sans garantie pour autant de les retrouver au matin. Nous pensions reprendre notre autonomie à la sortie de Lagos mais pour des raisons de circulation et de repérage, nous choisissons de terminer la traversée du pays de cette manière. Plus de bus sur les 100 derniers kilomètres… nous allons essayer de continuer la même procédure, mobylettes démontées, avec des taxis. Discussions interminables avec les chauffeurs, il faut les convaincre, on invente : les mobylettes sont en panne et nous devons nous rendre au Cameroun pour les faire réparer. Course acceptée, nous y laisserons une bonne partie de notre budget, mais, courage, on touche au but. Vers 10 heures, la frontière est atteinte. Il faut faire valider notre sortie en passant par une dizaine de bureaux installés dans un genre de container. Présence de beaucoup de civils et de militaires très armés. Après un temps qui nous paraît interminable, on nous redonne nos passeports et on nous impose une personne pour passer le pont suspendu qui nous permet de mettre une roue de l'autre côté. Pendant l'attente, nous avons reconstitué les mobylettes et pour ne pas éveiller l'attention sur nous, choisissons de ne surtout pas les démarrer et donc, nous effectuons ce dernier passage pied à terre. La nuit est sombre, pas d'éclairage, nos yeux restent bien ouverts, vigilance tout de même… ça sent l'embuscade, mais on ne peut plus changer d'avis, et puis non, on arrive de l'autre côté ! Il est un peu plus de minuit, la frontière est marquée par une corde en travers de la route et en y regardant de plus près, il y a une magnifique chèvre blanche qui broute paisiblement dans le fossé, quel changement d'ambiance ! Les bureaux sont clos, et nous nous débrouillons pour trouver une chambre pour finir la nuit. Nous laissons nos derniers CFA à la personne qui nous accompagne et tchao ! une nuit bien réparatrice.

Réveil au son de tambourinements à la porte. Les CFA (de l'ouest) donnés la veille ne sont pas valables de ce côté. On palabre avec un douanier qui veut bien acheter une mobylette et il trouve un collègue qui nous achète la seconde. Marché conclu, tellement heureux de son acquisition, un des deux nous invite chez lui afin de nous rafraîchir et de manger un morceau. Ensuite, il nous négocie un taxi pour repartir de là. Ce que l'on ne sait pas encore, c'est que jusqu'à Yaoundé, il n'y a pas de route. Que de la piste, et le mot est gentil. Nous voilà entassés dans une voiture pour une douzaine d'heures de voyage, six adultes avec bagages et des bidons d'essence de contrebande dans le coffre, bien sûr, il fait très chaud. Sur la piste, nous réparons par deux fois les roues crevées avec le matériel que nous avions dans nos sacs pour nos mobylettes, nous guettons le passage des automobilistes pour trouver une pompe à emprunter, et nous trouvons. Pour 500 CFA de l'est, par roue, nous regonflons nos roues et nous repartons. Arrivés à Yaoundé, nous offrons tout le matériel de réparation dont nous disposons au chauffeur pour qu'il puisse se dépanner. Et nous rions en pensant que nous ne serions pas au bout de la rue qu'il l'aura déjà revendu… ben quoi ? Il n'y a pas de problème.

Nos amis sont bien étonnés de nous voir débarquer chez eux, en fin d'après-midi. Le soir même, nous fêtons l'évènement. Nous restons environ quinze jours chez eux et nous visitons le pays. Ils nous ont dépannés financièrement, surtout pour l'achat de nos billets retour, et ce fut avec naturel et plaisir. Nous avons topé pour engager le remboursement dans les meilleurs délais. Parole…

Nous achetons les billets les moins chers que nous trouvons, ce sera donc chez Aéroflot Vols Douala Moscou, puis Moscou Paris, nous voilà chez nous. Pendant tout ce voyage, je ne consomme pas beaucoup de Ventoline, mais dès notre retour, les bouffées se multiplient. Je suis peut-être allergique à la France ?

Pour nous refaire pécuniairement, je prends les chantiers qui se présentent, nous travaillons à deux, le copain de voyage, salarié et moi, artisan. Nous nous lançons dans une suractivité de travaux. Partout où il est possible pour nous de travailler dans notre spécialité, la rénovation, nous prenons, ce qui permet de s'assumer et également de rembourser les frais de voyage. Nous sommes souvent en déplacement pour quinze jours d'affilé. Notre vie de couple s'étiole, bat de l'aile, s'efface. Nos attentes ne sont plus les mêmes, d'un commun accord, nous décidons de prendre de la distance. On vend le hameau et on part pour la grande ville, mais je ne m'y retrouve pas. Je fais en sorte d'être le plus présent possible pour m'occuper de ma fille. Dans une sorte de fureur, je me lance dans une grande partie de Monopoly. Je réalise des travaux chez plusieurs clients, j'achète des biens. J'ai eu sur une même période quatre maisons sur différentes communes de la région, et toutes davantage à rénover l'une que l'autre. Tout en rénovant une maison, je vivais dans un coin aménagé pour la circonstance. La technique n'était pas bien compliquée, je visite un lieu, je l'estime au meilleur prix et je confie le dossier au conseiller financier de ma banque. S'il accepte de financer le projet, je signe l'achat. Comme il m'a plutôt à la bonne, mon jeu a l'air de l'amuser et surtout, il ne prend pas de risque démesuré, alors il suit.

Avec ma femme, nous confirmons notre séparation, verbalement dans un premier temps et nous retrouvons chacun notre autonomie, nous gardons des relations correctes. La rencontre d'une nouvelle amie va peut-être m'apporter quelques changements ? Sa mère qui se trouve dans la région de Bordeaux est sujette à des problèmes respiratoires et a consommé également de la Ventoline, moins que moi, mais déjà trop. J'apprends que suite à l'intervention d'une guérisseuse, elle n'utilise plus d'aérosol. Bien sûr, cela m'intéresse beaucoup. Je prends immédiatement rendez-vous et je suis rigoureusement les consignes, peu ordinaires. Le traitement fait usage d'une peau de lapin fraîchement dépecée. Une amie marocaine me confirmera plus tard que ce genre de soin existe dans son pays, avec une peau de mouton, autre version, mais bon, seul compte le résultat. En rentrant chez moi, après l'avant-dernière visite, je m'arrête dans une forêt pour y enfouir la peau que je porte sur moi depuis 24 heures. Le temps de parcourir le chemin du retour, une demi-heure, environ, je respire comme jamais cela ne m'était arrivé. C'en était euphorisant, j'étais comme ivre de tout cet air qui me parvenait. On était en décembre, je roulais lentement les vitres ouvertes pour absorber le plus d'oxygène possible, du jamais vu, du jamais vécu. Heureux de cet état, je passe voir ma fille qui vit chez sa mère. Passé cet instant de liberté, le souffle libre, me voilà pris dans la soirée d'un étouffement des voies respiratoires, pratiquement égal à celui de mon entrée à l'hôpital quelques années plus tôt.

J'apprendrai par la suite qu'il est possible de compenser une prise de Ventoline en versant de l'essence algérienne sur un mouchoir que l'on respire lentement, on peut ainsi réussir à retrouver un souffle paisible. La formule ne fonctionne pas à tous les coups surtout si l'on s'y prend trop tard quand le rythme cardiaque est déjà trop emballé, mais ça marche. Cela vaut le coup de tenter sa chance, chacun doit trouver sa dose.

Je reprends une activité normale avec une capacité de résistance au travail importante que je mettrai en partie sur le compte de la prise hors norme de Ventoline dont je suis accro. Cette particularité m'obligera souvent à travailler seul, il est difficile pour une autre personne de suivre la cadence. Je consulte un nouveau médecin généraliste homéopathe qui me concocte un échantillon d'aérosol avec des doses de plus en plus faibles. Après une longue période, les prises s'espacent, je me rends compte que j'arrive à sortir en oubliant le flacon. Bien sûr, dès que je m'en aperçois, je fais demi-tour pour le glisser de nouveau dans ma poche car, même si je n'en ressens pas le besoin, psychologiquement cela rassure.

On est 1994, j'ai 40 ans. Par sûreté, je n'ai jamais jeté les cartouches restantes que je disposais partout pour ne jamais en manquer. Je ne fume plus depuis de nombreuses années.

J'ai aujourd'hui 65 ans, je n'utilise plus de médicament pour répondre à des insuffisances respiratoires, je vois parfois dans mes affaires personnelles, à divers endroits ces flacons bleus qui ont jalonné mon parcours, je les regarde, je ne les touche pas, peut-être sont-ils hors d'usage ?

Kourage !

Imprimé en Allemagne
Achevé d'imprimer en janvier 2022
Dépôt légal : janvier 2022

Pour

Le Lys Bleu Éditions
40, rue du Louvre
75001 Paris

LE LYS BLEU

ÉDITIONS

www.ingramcontent.com/pod-product-compliance
Lightning Source LLC
LaVergne TN
LVHW020523160826
845677LV00015B/3875

* 9 7 9 1 0 3 7 7 4 8 8 9 8 *